BEI GRIN MACHT SICH IHR
WISSEN BEZAHLT

Bibliografische Information der Deutschen Nationalbibliothek:

Die Deutsche Bibliothek verzeichnet diese Publikation in der Deutschen National-bibliografie; detaillierte bibliografische Daten sind im Internet über http://dnb.d-nb.de/ abrufbar.

Impressum:

Copyright © 2020 GRIN Verlag
Druck und Bindung: Books on Demand GmbH, Norderstedt Germany
ISBN: 9783346157812

Dieses Buch bei GRIN:

https://www.grin.com/document/520908

Moritz Brühl

Kryptowährung IOTA. Möglichkeiten und Gefahren

GRIN Verlag

GRIN - Your knowledge has value

Der GRIN Verlag publiziert seit 1998 wissenschaftliche Arbeiten von Studenten, Hochschullehrern und anderen Akademikern als eBook und gedrucktes Buch. Die Verlagswebsite www.grin.com ist die ideale Plattform zur Veröffentlichung von Hausarbeiten, Abschlussarbeiten, wissenschaftlichen Aufsätzen, Dissertationen und Fachbüchern.

Besuchen Sie uns im Internet:

http://www.grin.com/

http://www.facebook.com/grincom

http://www.twitter.com/grin_com

Inhaltsverzeichnis

Abkürzungsverzeichnis

1. Einleitung

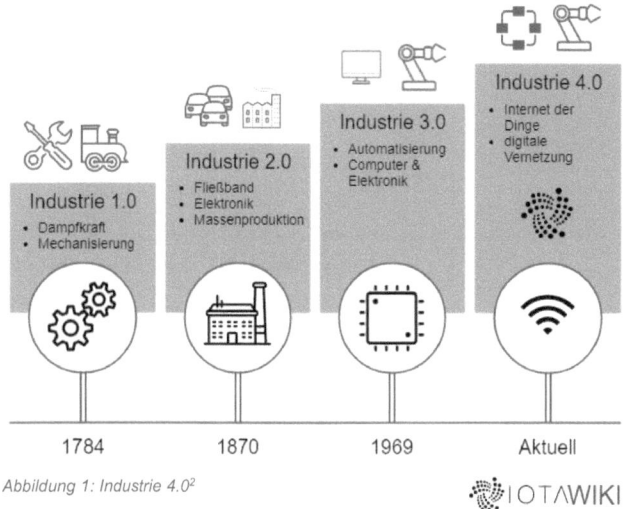

Abbildung 1: Industrie 4.0[2]

Ende des 18. Jahrhunderts wurde mit der Dampfmaschine die erste industrielle Revolution eingeleitet. Mit der Verbreitung der Elektrizität und der Einführung des Fließbandes folgte Ende des 19. Jahrhunderts die zweite industrielle Revolution. Automatisierung durch Computer in den 1970er Jahren setzte die dritte industrielle Revolution in Gang. Heute bzw. seit dem Ende des 20. Jahrhunderts befinden wir uns in der sogenannten Industrie 4.0. Geprägt ist dieses Zeitalter durch Digitalisierung und Vernetzung. Eine häufig verwendete Begrifflichkeit wurde hierbei mit „Internet of Things" kurz IoT gebildet. Ziel ist es, Maschinen intelligent untereinander zur weiteren Automatisierung und zur Entlastung der Menschen zu vernetzen.[1]

Dabei möchte sich die Kryptowährung IOTA als ein Transaktions- und Bezahlmodell zur Vernetzung von Maschinen, aber auch Haushaltsgeräten, durchsetzen.[3]

Zu hinterfragen ist, welche Möglichkeiten sich wirklich ergeben und welche Gefahren mit der IOTA-Technologie entstehen.

Diese Arbeit ist in fünf Kapitel eingeteilt. Das erste Kapitel bildet die Einleitung. Mit Kapitel 2 soll die Frage geklärt werden, wer oder was IOTA ist und wie sich diese Technologie von

---

[1] Vgl. Dörner, Sascha: „Im Wandel der Zeit: Von Industrie 1.0 bis 4.0", unter:
https://www.lmis.de/im-wandel-der-zeit-von-industrie-1-0-bis-4-0/ (abgerufen am 08.12.2019)
[2] IOTA-Wiki. Industrie 4.0 [Bild/Grafik], unter: https://www.iota-wiki.com/de/ (abgerufen am 23.12.2019)
[3] Vgl. Higer, Rene: „Alles über IOTA: einfach und verständlich", unter:
https://www.iota-wiki.com/de/#Was_ist_das_Internet_of_Things (abgerufen am 08.12.2019)

anderen Kryptowährungen unterscheidet. Anschließend werden die aktuellen und zukünftigen Einsatzmöglichkeiten (Kapitel 3) aufgezeigt. Auf der anderen Seite sollen im vierten Kapitel mögliche Gefahren aufgezeigt werden. Abschließend werden die Ergebnisse zusammengefasst in einem Fazit wiedergegeben (Kapitel 5).

2. Wer oder was ist IOTA?

Abbildung 2: IOTA-Foundation[4]

Im Jahr 2015 wurde IOTA von David Sønstebø, Sergey Ivancheglo, Dominik Schiener und Serguei Popov gegründet.[5] 2017 wurde dann die IOTA-Foundation als gemeinnützige Stiftung mit Sitz in Berlin registriert.[6] Dabei ist IOTA kein Akronym für IoT sondern der neunte Buchstabe des griechischen Alphabetes.[7] IOTA bedeutet so viel wie „das Allergeringste".[8] Mit dieser Bedeutung soll der nötige Rechenaufwand beschrieben werden, der mit der IOTA-Technologie einher geht.[9]

---

[4] IOTA-Wiki. IOTA-Foundation [Bild/Grafik], unter: https://www.iota-wiki.com/de/ (abgerufen am 30.12.2019)
[5] Vgl. Higer, Rene: „Die Geschichte von IOTA", unter:
https://www.iota-wiki.com/de/#Die_Geschichte_von_IOTA (abgerufen am 30.12.2019)
[6] Vgl. Kanzlei WINHELLER „Erste Krypto-Stiftung Deutschlands gegründet", unter:
https://www.winheller.com/news/pressemitteilungen/detail/iota-stiftung.html (abgerufen am 30.12.2019)
[7] Vgl. Higer, Rene: „Die IOTA Foundation", unter:
https://www.iota-wiki.com/de/#Die_IOTA_Foundation (abgerufen am 30.12.2019)
[8] Vgl. Duden: „Jota, Iota, das", unter:
https://www.duden.de/rechtschreibung/Jota_kein_Bisschen_Buchstabe (abgerufen am 30.12.2019)
[9] Vgl. Higer, Rene: „Die IOTA Foundation", unter:
https://www.iota-wiki.com/de/#Die_IOTA_Foundation (abgerufen am 30.12.2019)

Abbildung 3: IOTA-Vision[10]

Die Stiftung gibt sich die Aufgabe Wissenschaft, Forschung und Bildung in Bezug auf die IOTA-Technologie zu fördern und diese weiterzuentwickeln.[11]

Im Fokus des ganzen Projektes steht die Kryptowährung IOTA mit der Währungseinheit MIOTA (1 MIOTA = 1.000.000 IOTA).[12]

Dabei ist das Projekt als Open-Source angelegt, sodass der Code ständig einsehbar ist.[13]

IOTA kann sich auf über 100 Partnerschaften, darunter BOSCH und VW, beziehen.[14]

---

[10] IOTA-Wiki. IOTA-Vision [Bild/Grafik], unter: https://www.iota-wiki.com/de/ (abgerufen am 30.12.2019)
[11] Vgl. Die Stiftung: „IOTA: Erste Krypto-Stiftung Deutschlands gegründet", unter: https://www.die-stiftung.de/nachrichten-service/kurzmeldungen/iota-erste-krypto-stiftung-deutschlands-gegruendet-74566/ (abgerufen am 30.12.2019)
[12] Vgl. „IOTA (MIOTA)", unter: https://coinmarketcap.com/de/currencies/iota/ (abgerufen am 30.12.2019)
[13] Vgl. Die Stiftung: „IOTA: Erste Krypto-Stiftung Deutschlands gegründet", unter: https://www.die-stiftung.de/nachrichten-service/kurzmeldungen/iota-erste-krypto-stiftung-deutschlands-gegruendet-74566/ (abgerufen am 30.12.2019)
[14] „List of industrial and institutional interest in IOTA", unter: http://iotaarchive.com/listing.html (abgerufen am 30.12.2019)

2.1.　Wie grenzt sich IOTA zu anderen Kryptowährungen ab?

IOTA lässt sich von anderen Kryptowährungen dadurch abgrenzen, dass die unter Bitcoin bekannte Blockchain-Technologie nicht verwendet wird.[15]

Bei der erwähnten Technologie besteht eine Blockchain aus Transaktionslisten, die kryptographisch mit Algorithmen zu Blöcken validiert und abgeschlossen werden. Daraus entstehen einmalige Hashwerte, die sich auf die davor erstellten Blöcke beziehen. Das erstellte Konstrukt wird als Chain, englisch für Kette, bezeichnet.[16]

Dabei werden die Anforderungen mit Wachstum des Systems immer weiter erhöht.[17]

Für das Umsetzen der Blockchain-Technologie werden „Miner" benötigt, die für eine Transaktion und deren Sicherheit die nötigen Ressourcen (Hardware → Rechenleistung) bereitstellen und sich dafür schließlich bezahlen lassen. Somit sind keine Mikrotransaktionen möglich, da diese zu teuer sind.[18]

Mit jedem neuen Zyklus in der Blockchain erhöht sich der Bedarf an Ressourcen und die Dauer einer Berechnung für die hinzukommenden Transaktionen. Eine Skalierung ist somit nicht möglich.[19]

Aufgrund der zuvor genannten Aspekte ist die klassische Blockchain für IoT ungeeignet.[20] Dagegen möchte IOTA kostengünstig und mit hoher Skalierbarkeit Geräte verknüpfen.

2.2.　Wie funktioniert IOTA?

IOTA vereint zwei zunächst voneinander abzugrenzende Technologien.

Die bereits bestehende „Distributed Ledger Technology" (DLT) wird genutzt und weiterentwickelt, wodurch eine Art Datenbank entsteht, die dezentral auf mehrere Standorte, Regionen und Teilnehmer verteilt ist.[21] Nach einer durchgeführten Transaktion erhalten alle Teilnehmer ein Update und können sich somit alle Datensätze aus dem verteilten Hauptbuch

---

[15] Vgl. Bosch Connected Devices and Solutions: „So werden Sie zum IOTA Experten", unter:
https://www.bosch-connectivity.com/de/newsroom/blog/xdk2mam/ (abgerufen am 30.12.2019)
[16] Vgl. Perlaki, Dominik: „Grundwissen: Die Blockchain – einfach erklärt", unter:
https://www.derbrutkasten.com/krypto-basics-die-blockchain-einfach-erklaert/ (abgerufen am 30.12.2019)
[17] Vgl. BTC ECHO: „IOTA: Das unterscheidet das Projekt von Bitcoin & Co.", unter:
https://www.btc-echo.de/iota-das-unterscheidet-das-projekt-von-bitcoin-co/ (abgerufen am 30.12.2019)
[18] Vgl. Bosch Connected Devices and Solutions: „So werden Sie zum IOTA Experten", unter:
https://www.bosch-connectivity.com/de/newsroom/blog/xdk2mam/ (abgerufen am 30.12.2019)
[19] Vgl. BTC ECHO: „IOTA: Das unterscheidet das Projekt von Bitcoin & Co.", unter:
https://www.btc-echo.de/iota-das-unterscheidet-das-projekt-von-bitcoin-co/ (abgerufen am 30.12.2019)
[20] Vgl. Higer, Rene: „Die klassische Blockchain ist für das IoT ungeeignet", unter:
https://www.iota-wiki.com/de/#Die_klassische_Blockchain_ist_fuer_das_IoT_ungeeignet (aufgerufen am 30.12.2019)
[21] Vgl. Blockchainwelt: „Distributed Ledger Technologie (DLT) ist mehr als Blockchain", unter:
https://blockchainwelt.de/dlt-distributed-ledger-technologie-ist-mehr-als-blockchain/ (abgerufen am 30.12.2019)

anzeigen lassen.[22] Entsprechend ist die Historie überprüfbar und abgleichbar. Fünf Schwerpunkte sollen grundsätzlich mit der Distributed-Ledger-Technologie erfüllt werden.

1. Unveränderbarkeit

   Alle Teilnehmer dienen als Kontrollinstanz. Bei jeder Transaktion müssen die dazugehörigen Teilnehmer zu einer Übereinstimmung kommen. Dabei werden die Ergebnisse an alle Teilnehmer verteilt. Dies macht eine nachträgliche Veränderung/Fälschung der Daten so gut wie unmöglich.[23]

2. Privatsphäre

   Um am Netzwerk teilnehmen zu können bedarf es nur der Erstellung eines kryptografischen „Private Keys", womit der Zugang zum Netzwerk und das Durchführen der Transaktionen ermöglicht wird. Der sogenannte „Private Key" dient als digitale Unterschrift.[24]

3. Dezentralisierung

   Da sich alle Teilnehmer gegenseitig die Transaktionen bestätigen, wird kein zentrales Organ hierfür benötigt.[25]

4. Interoperabilität

   Unter Interoperabilität versteht man die Verbindung von verschiedenen Netzwerken; hier besonders die Verknüpfung zu bereits bestehenden Blockchain-Systemen als Unterstützung.[26]

5. Transparenz

   Jede Transaktion ist bis zu ihrem Ursprung rückverfolgbar.[27]

Aktuell lässt sich die dargestellte Technologie in Teilen in dem Blockchain-System wiederfinden.[28]

---

[22] Vgl. Blockchainwelt: „Distributed Ledger Technologie (DLT) ist mehr als Blockchain", unter: https://blockchainwelt.de/dlt-distributed-ledger-technologie-ist-mehr-als-blockchain/ (abgerufen am 30.12.2019)
[23] Vgl. Higer, Rene: „Unveränderbarkeit", unter: https://www.iota-wiki.com/de/#Unveraenderbarkeit (abgerufen am 31.12.2019)
[24] Vgl. Welz, Wolfgang: „Assuring authenticity in the Tangle with signatures", unter: https://blog.iota.org/assuring-authenticity-in-the-tangle-with-signatures-791897d7b998 (abgerufen am 31.12.2019)
[25] Vgl. Metzger, Jochen: „Distributed Ledger Technologie (DLT)", unter: https://wirtschaftslexikon.gabler.de/definition/distributed-ledger-technologie-dlt-54410 (abgerufen am 31.12.2019)
[26] Vgl. Nikolaev, Ilia: „IOTA Boost durch Hyperledger – IOTA Connector für Interoperabilität zwischen DLTs", unter: https://cryptomonday.de/iota-boost-durch-hyperledger-iota-connector-fuer-interoperabilitaet-zwischen-dlts/ (abgerufen am 31.12.2019)
[27] Vgl. Kryptokumpel: „Dank IOTA: die Reise eines Kleidungsstückes transparent gestalten", unter: https://www.kryptokumpel.de/iota/dank-iota-die-reise-eines-kleidungsstueckes-transparent-gestalten/ (abgerufen am 31.12.2019)
[28] Vgl. Blockchainwelt: „Distributed Ledger Technologie (DLT) ist mehr als Blockchain", unter: https://blockchainwelt.de/dlt-distributed-ledger-technologie-ist-mehr-als-blockchain/ (abgerufen am 31.12.2019)

Mit Zunahme der Teilnehmer bedeutet dies jedoch einen erhöhten Aufwand und somit eine langsamere Durchführung der Transaktionen. Man geht zurzeit je nach System von möglichen 7 bis 30 Transaktionen aus, die durchgeführt werden können. Da aber alle Maschinen in Zukunft vernetzt werden sollen, wird eine viel höhere Taktung benötigt.[29]

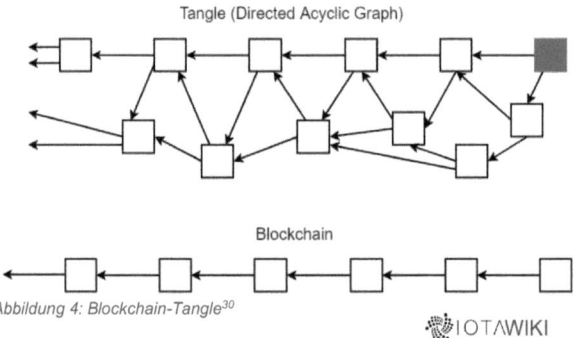

Abbildung 4: Blockchain-Tangle[30]

Dafür soll die zweite Technologie ergänzend eingesetzt werden, welche „directed acyclic graph" (DAG) genannt wird. In der IOTA-Welt wird diese auch als „Tangle", englisch für Gewirr, bezeichnet.[31]

Im Gegensatz zur Blockchain bezieht sich das Tangle-Verfahren nicht auf eine Transaktionsliste, die bestätigt werden muss, sondern effizienter nur auf zwei zufällige Transaktionen, die von einem transaktionsunabhängigen Teilnehmer bestätigt werden.[32] Das spart Zeit und Rechenpower.

Aufgrund des effizient gestalteten Verfahrens kann eine entsprechende Transaktion somit vom eigenen Gerät ausgeführt werden und benötigt keinen „Miner", der sich für die Berechnung bezahlen lassen würde.[33] Im Ergebnis wird keine Transaktionsgebühr fällig.

Mit Wachstum der Teilnehmeranzahl können Transaktionen viel schneller und in höherer Menge bestätigt und ausgeführt werden.[34]

---

[29] Vgl. Higer, Rene: „Unendlich skalierbar", unter:
https://www.iota-wiki.com/de/#Unendlich_skalierbar (abgerufen am 31.12.2019)
[30] IOTA-Wiki. Blockchain-Tangle [Bild/Grafik], unter: https://www.iota-wiki.com/de/ (abgerufen am 31.12.2019)
[31] Vgl. BTC ECHO: „Wie funktionieren Transaktionen im IOTA Tangle?", unter:
https://www.btc-echo.de/wie-funktionieren-transaktionen-im-iota-tangle/ (abgerufen am 31.12.2019)
[32] Vgl. CoinPro.ch: „Was ist IOTA und der MIOTA? Kryptowährungen vorgestellt", unter:
https://www.coinpro.ch/was-ist-iota-und-der-miota-kryptowaehrungen-vorgestellt/ (abgerufen am 31.12.2019)
[33] Vgl. Higer, Rene: „Keine Gebühren", unter:
https://www.iota-wiki.com/de/#Keine_Gebuehren (abgerufen am 31.12.2019)
[34] Vgl. Cryptolist: „Was ist IOTA?", unter: https://www.cryptolist.de/iota (abgerufen am 31.12.2019)

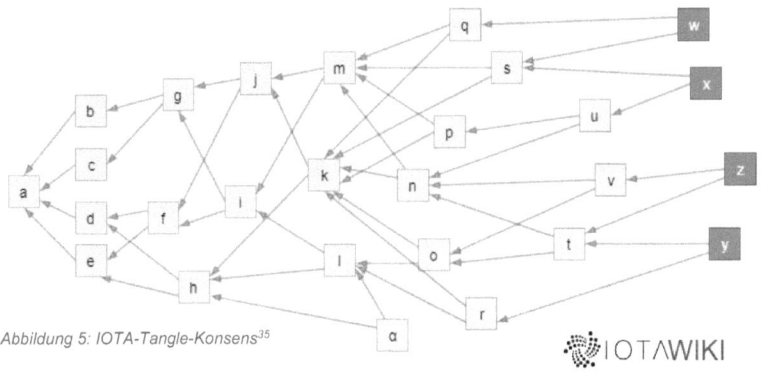

Abbildung 5: IOTA-Tangle-Konsens[35]

Konkret besteht ein Tangle aus „Sites", „Edges" und „Tips".[36]

Die „Sites" werden in der Grafik als Quadrate dargestellt und entsprechen Transaktionen mit Informationen über den Empfänger, den Absender und die Anzahl der MIOTA.

Es gehen jeweils zwei „Edges", in Form von Pfeilen, als Verbindung zu vorherigen Transaktionen aus den „Sites" heraus. Dadurch wird die Validierung der Transaktionen veranschaulicht. Ganz rechts sind die sogenannten „Tips" ersichtlich, welche die jüngsten Transaktionen sind, die noch bestätigt werden müssen.

Blaue Quadrate sind ausreichend oft validierte Transaktionen. Grüne Quadrate sind hingegen mehrfach validierte Transaktionen, die von allen Tips indirekt bestätigt worden sind. Der Konsens wurde bei diesen Transaktionen erreicht.

Damit die Ergebnisse der Transaktionen gespeichert werden und alle Teilnehmer im Sinne des DLT informiert werden, werden Full-Nodes benötigt.

Dahinter verstecken sich Server, auf denen die Hauptsoftware „IOTA Reference Implementation" (IRI) installiert ist. Die Server tauschen sich mit dem kompletten IOTA-Netzwerk aus. Nodes können von jedem betrieben werden und unterstützen das Netzwerk effektiv.[37]

---

[35] IOTA-Wiki. IOTA-Tangle-Konsens [Bild/Grafik], unter: https://www.iota-wiki.com/de/ (abgerufen am 31.12.2019)
[36] Vgl. Higer, Rene: „Wie funktioniert IOTAs Tangle?", unter:
https://www.iota-wiki.com/de/#Wie_funktioniert_IOTAs_Tangle (abgerufen am 31.12.2019)
[37] Vgl. IOTA Einsteiger Guide: „Nodes", unter:
https://iota-einsteiger-guide.de/nodes.html (abgerufen am 31.12.2019)

2.3. Wie sieht eine Transaktion aus?

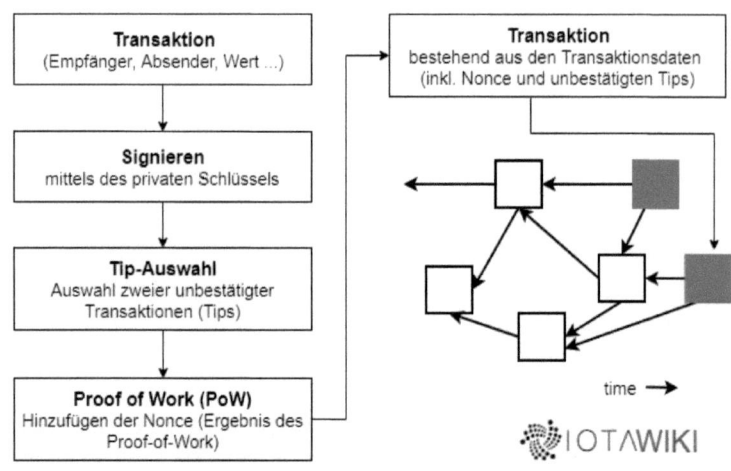

Abbildung 6: IOTA-Transaktion[38]

Es können zwei Arten von Transaktionen innerhalb des Tangles durchgeführt werden:

1. „Value Tansactions", wobei MIOTA überwiesen werden.[39]
2. „Zero-value Transactions" bzw. „Data Transactions", wobei Daten transferiert werden.[40]

Transaktionsprozesse werden in vier aufeinanderfolgenden Schritten ausgeführt:

1. Signieren – Zur Bestätigung wird die Transaktion mittels des eigenen „Private Key" signiert. Dabei werden Empfänger, Absender und Anzahl der Token abgespeichert.[41]
2. Tip-Auswahl – Im nächsten Schritt werden zwei zufällige unbestätigte Transaktionen (Tips) mit der aktuellen Transaktion bestätigt.[42]
3. Proof of Work – Zur Vermeidung von Spam wird im dritten Schritt ein Algorithmus errechnet.[43]

---

[38] IOTA-Wiki. IOTA-Transaktion [Bild/Grafik], unter: https://www.iota-wiki.com/de/ (abgerufen am 31.12.2019)
[39] Vgl. BTC ECHO: „Wie funktionieren Transaktionen im IOTA Tangle?", unter: https://www.btc-echo.de/wie-funktionieren-transaktionen-im-iota-tangle/ (abgerufen am 31.12.2019)
[40] Vgl. BTC ECHO: „Wie funktionieren Transaktionen im IOTA Tangle?", unter: https://www.btc-echo.de/wie-funktionieren-transaktionen-im-iota-tangle/ (abgerufen am 31.12.2019)
[41] Vgl. Hiler, Rene: „Der Transaktionsprozess", unter: https://www.iota-wiki.com/de/#Der_Transaktionsprozess (abgerufen am 31.12.2019)
[42] Vgl. Higer, Rene: „Der Transaktionsprozess", unter: https://www.iota-wiki.com/de/#Der_Transaktionsprozess (abgerufen am 31.12.2019)
[43] Vgl. Higer, Rene: „Der Transaktionsprozess", unter: https://www.iota-wiki.com/de/#Der_Transaktionsprozess (abgerufen am 31.12.2019)

4. Veröffentlichung – Abschließend wird die fertige Transaktion an ein Full-Node übertragen, sodass die Transaktion im Netzwerk verteilt wird und auf ihre Bestätigung durch eine andere/neuere Transaktion wartet, um ausgeführt werden zu können.[44]

Der ganze Prozess kann zunächst auch offline erfolgen. Die Transaktion wird dann später im Netzwerk hinzugefügt.[45]

3. Möglichkeiten

Nachdem erläutert wurde, was IOTA ist und wie es funktioniert, sollen im Folgenden einige Anwendungsbeispiele für die Zukunft aufgezeigt werden. Vier große Kernthemen lassen sich aktuell identifizieren und skizzieren.

3.1. Mobility

Insbesondere im Segment der Mobilität sind einige Fallbeispiele zu nennen, die aktuell erprobt werden:

- Parkhäuser, die beim Heranfahren ein Auto erkennen und minutengenau eine Abrechnung zu der Parkdauer erstellen.[46] Parkuhren könnten mit dem gleichen Prinzip arbeiten.[47]

- Mögliche Erweiterungen einer Fahrzeug-Software lassen sich bequem erkennen und mit IOTA-Token bezahlen. Als Beispiel kann die umfangreiche Software eines Tesla-Fahrzeuges angebracht werden.[48]

- Fahrgäste, die in ein Taxi steigen, können sich via Smartphone direkt mit dem Fahrzeug verbinden und sich so eine exakte Abrechnung erstellen lassen.[49] Bei Car-Sharing wäre die gleiche Anwendung möglich.[50]

---

[44] Vgl. Higer, Rene: „Der Transaktionsprozess", unter:
https://www.iota-wiki.com/de/#Der_Transaktionsprozess (abgerufen am 31.12.2019)
[45] Vgl. IOTA NEWS: „What is IOTA?", unter: https://iota-news.com/about-iota/ (abgerufen am 31.12.2019)
[46] Vgl. Dragan: „Deutschland: Parkhaus-App verwendet IOTA für Zahlungsabwicklung", unter:
https://kryptoszene.de/deutschland-parkhaus-app-verwendet-iota-fuer-zahlungsabwicklung/ (abgerufen am 31.12.2019)
[47] Vgl. „Anwendungsbereich", unter: http://www.kryptofilter.de/iota/ (abgerufen am 31.12.2019)
[48] Vgl. „Wie IOTA die Mobilität verändern kann", unter:
https://kryptoszene.de/wie-iota-die-mobilitaet-veraendern-kann/ (abgerufen am 31.12.2019)
[49] Vgl. „Naht eine Partnerschaft zwischen IOTA und BMW", unter:
https://coin-ratgeber.de/naht-iota-bmw-partnerschaft/ (abgerufen am 31.12.2019)
[50] Vgl. Kerler, Wolfgang: „Mit der Blockchain wollen Volkswagen, BMW und Co. die Mobilität vernetzen", unter:
https://www.gq-magazin.de/auto-technik/article/bei-der-blockchain-wollen-volkswagen-bmw-und-co-schneller-als-die-konkurrenz-sein (abgerufen am 31.12.2019)

- Strom-Schnellladesäulen könnten mit dem Fahrzeug interagieren und eine Transaktion stattfinden lassen.[51]
- Frachtunternehmen könnten sich nach erfolgten Lieferungen unverzüglich bezahlen lassen.[52]

3.2. Smart-Cities

Im Rahmen der Urbanisierung bedarf es beispielsweise einer Anpassung im Bereich der Müllentsorgung. Eine Idee, die sich dabei entwickelt hat, ist eine smarte Mülltonne, die einerseits das Recycling belohnt, andererseits aber auch selber erkennt, in welchem Füllzustand sie sich befindet und aufgrund dessen eine Information an das dafür zuständige Entsorgungsunternehmen veranlasst.[54] Somit könnte eine bedarfsgerechte Route zur Abholung erstellt und die Kosten direkt mit IOTA beglichen werden.[55]

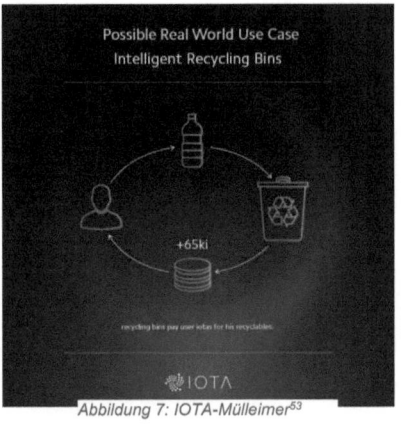

Abbildung 7: IOTA-Mülleimer[53]

---

[51] Vgl. „Wie IOTA die Mobilität verändern kann", unter:
https://kryptoszene.de/wie-iota-die-mobilitaet-veraendern-kann/ (abgerufen am 31.12.2019)
[52] Vgl. „Wie IOTA die Mobilität verändern kann", unter:
https://kryptoszene.de/wie-iota-die-mobilitaet-veraendern-kann/ (abgerufen am 31.12.2019)
[53] IOTA-Deutschland. IOTA-Mülleimer [Bild/Grafik], unter:
https://iota-deutschland.de/was-ist-iota/ (abgerufen am 31.12.2019)
[54] Vgl. Kasanmascheff, Markus: „IOTA-Lösung von Deposy soll Mülltrennung revolutionieren", unter:
https://de.cointelegraph.com/news/iota-losung-von-deposy-soll-mulltrennung-revolutionieren (abgerufen am 31.12.2019)
[55] Vgl. Kryptokumpel: „Taipei will Probleme der Abfallwirtschaft mithilfe von IOTA lösen", unter:
https://www.kryptokumpel.de/iota/taipei-will-probleme-der-abfallwirtschaft-mithilfe-von-iota-loesen/ (abgerufen am 31.12.2019)

3.3. Smart-Home

Wie bereits in der Einleitung beschrieben, können auch Haushaltsgeräte smart in die IoT-Wirtschaft eingebunden werden. Ein beliebtes Beispiel hierfür ist ein Kühlschrank, der sich bei erkanntem Bedarf selbst auffüllt. Sensoren überprüfen regelmäßig den aktuellen Zustand, wodurch die eingebaute Software ein Lieferunternehmen mit der Zusendung von Waren beauftragen kann, wenn dies benötigt wird. Die Befüllung könnte mit einer Drohne ausgeführt werden.[57]

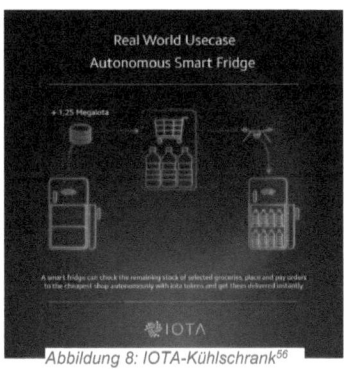

Abbildung 8: IOTA-Kühlschrank[56]

Umweltschonend und dabei kostenreduzierend wird immer mehr auf Solar-Energie gesetzt. Innerhalb einer Nachbarschaft würde sich die Möglichkeit ergeben, Energie von benachbarten Solar-Anlagen zu holen.[59] Die Energie könnte smart verteilt werden, sodass die Parteien, welche gerade einen Engpass haben, eine priorisierte Lieferung erhalten würden.[60] Eine Abrechnung könnte minutiös erfolgen.

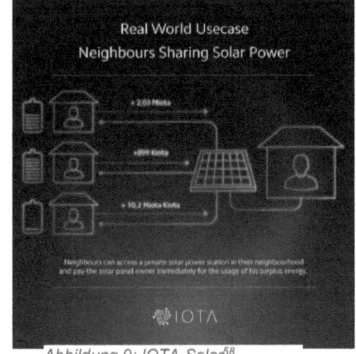

Abbildung 9: IOTA-Solar[58]

---

[56] IOTA-Deutschland. IOTA-Kühlschrank [Bild/Grafik], unter:
https://iota-deutschland.de/was-ist-iota/ (abgerufen am 31.12.2019)
[57] Vgl. Kilic, Klemens: „Internet der Dinge: Qubic von IOTA könnte zum dezentralen Supercomputer werden",
unter: https://www.gq-magazin.de/auto-technik/article/internet-der-dinge-qubic-von-iota-koennte-zum-dezentralen-
supercomputer-werden (abgerufen am 31.12.2019)
[58] IOTA-Deutschland. IOTA-Solar [Bild/Grafik], unter:
https://iota-deutschland.de/was-ist-iota/ (abgerufen am 31.12.2019)
[59] Vgl. IOTA: „Smart Energy", unter:
https://www.iota.org/verticals/smart-energy (abgerufen am 31.12.2019)
[60] Vgl. Dragan: „Niederlande: Tech-Unternehmen will mit IOTA Stromnetz intelligenter machen", unter:
https://kryptoszene.de/niederlande-tech-unternehmen-will-mit-iota-stromnetz-intelligenter-machen/ (abgerufen am
31.12.2019)

3.4. Industry

Ungenutzte Maschinen, deren Instandhaltung zusätzlich noch bezahlt werden müsste, sind ineffizient und teuer. In Bezug darauf sollen „Smart Factories" gebaut werden, welche Fabriken darstellen, die intelligent und autonom Daten und Zahlungen innerhalb eines Maschinen-Netzwerkes austauschen.[61] Eine sogenannte Machine-to-Machine-Kommunikation (M2M) soll hierfür genutzt werden.[62] IOTA könnte an dieser Stelle die Kommunikation sicher und in hoher Geschwindigkeit gestalten.

Eine weitere Idee ist eine „Sharing Economy", in der Maschinen sich bei Bedarf mieten lassen. So können Unternehmen bei hoher Nachfrage kurzzeitig dieser entgegensteuern.[63] Andersherum entstehen weniger Überschüsse, da man die Maschine nicht unnötig weiterlaufen lassen muss und stattdessen jemand anderes zwischenzeitlich mit der Maschine produktiv sein kann.[64] Die Miete könnte sekundengenau oder je Einheit sofort ausgeglichen werden.

4. Gefahren

Im Umgang mit IOTA können zwei größere Gefahrenquellen genannt werden.

4.1. Faktor Mensch

Ein Fehler ergibt sich beispielsweise bei der Eingabe einer falschen Adresse beim Senden von Tokens. Da hier das System auf Anonymität besteht, wird es unmöglich sein, bei dem Empfänger die gesendeten Tokens zurück zu verlangen.[65]

Schadsoftware, die ausversehen runtergeladen wurden, könnten die Adresse nach Eingabe manipulieren.[66] Die Rückverfolgbarkeit, wie oben beschrieben, wäre unmöglich.

---

[61] Vgl. BTC-ECHO: „Alles IOTA? Das sind die 5 Anwendungen, die unser Leben verändern könnten", unter: https://www.btc-echo.de/alles-iota-das-sind-die-5-anwendungen-die-unser-leben-veraendern-koennten/ (abgerufen am 31.12.2019)

[62] Vgl. IOTA-Deutschland: „Was ist IOTA?", unter: https://iota-deutschland.de/was-ist-iota/ (abgerufen am 31.12.2019)

[63] Vgl. Waschbusch, Lisa Marie: „Gemeinsam mit der Industrie bringen wir IOTA auf das nächste Level", unter: https://www.industry-of-things.de/gemeinsam-mit-der-industrie-bringen-wir-iota-auf-das-naechste-level-a-712492/ (abgerufen am 31.12.2019)

[64] Vgl. BTC-ECHO: „Alles IOTA? Das sind die 5 Anwendungen, die unser Leben verändern könnten", unter: https://www.btc-echo.de/alles-iota-das-sind-die-5-anwendungen-die-unser-leben-veraendern-koennten/ (abgerufen am 31.12.2019)

[65] Vgl. Malanov, Alexey: „Probleme und Risiken von Kryptowährungen", unter: https://www.kaspersky.de/blog/cryptocurrencies-intended-risks/15181/ (abgerufen am 03.01.2020)

[66] Vgl. Malanov, Alexey: „Probleme und Risiken von Kryptowährungen", unter: https://www.kaspersky.de/blog/cryptocurrencies-intended-risks/15181/ (abgerufen am 03.01.2020)

Im Netz gibt es oft scheinbar vertrauenswürdige Seiten, die in Wirklichkeit sogenannte Phishing-Seiten sind. Zwischen 2017 und 2018 klaute sich auf diese Art und Weise ein Hacker IOTA im Wert von 10 Mio. Euro zusammen.[67] Die Nutzer gingen bei der Seite „https://iotaseed.io/" davon aus, dass sie sich dort für Ihre Wallet (Krypto-Geldbörse) einen Sicherheitsschlüssel erstellen lassen konnten; dabei nutze der Hacker diese Schlüssel und räumte die Wallets leer.[68]

Der Verlust der eigenen Wallet-Datei durch Löschung oder Zerstörung des Speichermediums geht auch mit dem Verlust der eigenen Tokens einher.[69]

4.2.   Faktor IOTA-Technik

Da IOTA mit seinem Netzwerk noch relativ am Anfang steht bzw. noch sehr klein ist, kommt es bei Transaktionen aktuell zu Wartezeiten.[70]

Es wurde eine Theorie geäußert, dass bei einem Zugriff auf mehr als 34% des Netzwerkes, eigene Transaktionen legitimiert werden könnten. Die Entwickler haben dieses Problem erkannt und haben dazu das Proof of Work (siehe 2.3) entwickelt. Ein böswilliges Ausnutzen soll somit verhindert werden.[71]

Eine ständig bestehende Gefahr bei größeren Softwareentwicklungen sind fehlerhafte Programmierungen, die zu Sicherheitslücken führen können. Das Massachusetts Institute of Technology (MIT) hat dazu im Jahr 2017 Anregungen offengelegt, die von der IOTA Foundation dementiert wurden.[72] Am Ende stand es Aussage gegen Aussage.[73]

Das System läuft aktuell nicht gänzlich dezentral, sondern nutzt derzeit einen „Coordinator", der die Transaktionen überwacht und nach Auffälligkeiten kontrolliert.[74]

---

[67] Vgl. BTC-ECHO: „IOTA im Wert von 10 Millionen Euro gestohlen – Verdächtiger festgenommen", unter: https://www.btc-echo.de/iota-im-wert-von-10-millionen-euro-gestohlen-verdaechtiger-festgenommen/ (abgerufen am 03.02.2020)
[68] Vgl. CoinHero: „Viele IOTA-Guthaben letzte Nacht gestohlen: Darauf muss geachtet werden", unter: https://coin-hero.de/news/iota/viele-iota-guthaben-letzte-nacht-gestohlen-darauf-muss-geachtet-werden/ (abgerufen am 03.01.2020)
[69] Vgl. Malanov, Alexey: „Probleme und Risiken von Kryptowährungen", unter: https://www.kaspersky.de/blog/cryptocurrencies-intended-risks/15181/ (abgerufen am 03.01.2020)
[70] Vgl. BTC-ECHO: „IOTA im Fokus: Der Coordinator", unter: https://www.btc-echo.de/iota-im-fokus-der-coordinator/ (abgerufen am 04.01.2020)
[71] Vgl. KRYPTO-WIKI: „IOTA: Wie sicher ist die dezentrale Kryptowährung IOTA wirklich?", unter: https://krypto-wiki.de/iota-wie-sicher-ist-die-dezentrale-kryptowaehrung-iota-wirklich/ (abgerufen am 04.01.2020)
[72] Vgl. Bergmann, Christoph: „MIT Experten finden angeblich schwerwiegenden Krypto-Bug in IOTA", unter: https://bitcoinblog.de/2017/09/08/autsch-mit-experten-finden-schwerwiegenden-krypto-bug-in-iota/ (abgerufen am 04.01.2020)
[73] Vgl. IOTA Einsteiger Guide: „Kritik", unter: https://iota-einsteiger-guide.de/kritik.html (abgerufen am 04.01.2020)
[74] Vgl. BTC-ECHO: „IOTA im Fokus: Der Coordinator", unter: https://www.btc-echo.de/iota-im-fokus-der-coordinator/ (abgerufen am 04.01.2020)

Ein Fehler des „Coordinators" führte Ende Dezember 2019 dazu, dass das Transaktionsvolumen auf beinahe Null zurückgegangen ist.[75]

5. Fazit

Zusammenfassend befindet sich IOTA mit seinen vielfältigen Möglichkeiten auf dem Weg in Zukunft häufiger in verschiedenen Bereichen eingesetzt zu werden. Viele Ideen stellen Innovationen dar und können unseren Alltag unmittelbar beeinflussen. Besonders wirtschaftlich gesehen, ergeben sich produktive Möglichkeiten zur Effizienzgestaltung unserer Zukunft.

IOTA könnte „IoT" und „smarten" Anwendungen auf ein höheres Level verhelfen; wobei es vorerst spannend bleibt, wie sich das Konzept entwickelt.

Zu den Gefahren ist einerseits der Mensch zu zählen, da die Anwendung des Systems zu Fehlern führen kann. Der Faktor Mensch ist hier jedoch wie auch in anderen Technologien gleichermaßen zu finden. IOTA möchte sich in Bezug darauf stätig verbessern, um Fehler zu vermeiden; zum Beispiel mit der Entwicklung einer eigenen Wallet namens Trinity, die nun die Private-Key-Erstellung selbst innehat. Auch sollte der häufigere Umgang mit der Technologie und die dadurch entstehenden Erfahrungen zu Verbesserungen in Zukunft führen.

Der andere Faktor ist die Technik selbst. Die Entwicklung ist noch nicht abgeschlossen. Erst mit der Abschaffung des „Coordinators" wird IOTA dezentral und zeigt dann das wahre Potenzial.

Zurzeit ist zu hinterfragen, ob die Annahme und die Durchsetzung der Technologie erfolgreich stattfinden wird. Zwar besitzt IOTA einen großen Umfang an Partnerschaften und Ideen, dennoch ist die Anzahl der aktiven „Use-Cases" noch recht überschaulich.

Obwohl häufig prognostiziert wird, dass Kryptowährungen sich nicht durchsetzen werden können, wird nach allgemein herrschender Meinung IOTA hierzu nicht gezählt. Aufgrund der zahlreichen Verwendungsmöglichkeiten, die hier nur zum Teil aufgezeigt worden sind, schließe ich mich aktuell der herrschenden Meinung an und sehe dank der bereits bestehenden Partnerschaften Potenzial zur Durchsetzung. Da die Technologie eine noch junge Entwicklungsgeschichte aufweist, sind fundierte Prognosen jedoch schwer zu erstellen. Die Entwicklung der Dezentralisierung und tatsächlich vorhandene Anwendungsbeispiele müssen über einen weitaus längeren Zeitraum beobachtet werden.

---

[75] Vgl. Nikolaev, Ilia: „BREAKING: IOTA Netzwerk steht still – Koordinator legt Tangle lahm", unter: https://cryptomonday.de/breaking-iota-netzwerk-steht-still-koordinator-legt-tangle-lahm/ (abgerufen am 04.01.2020)

Literaturverzeichnis

„Anwendungsbereich", unter: http://www.kryptofilter.de/iota/ (abgerufen am 31.12.2019) „Wie IOTA die Mobilität verändern kann", unter:

Bergmann, Christoph: „MIT Experten finden angeblich schwerwiegenden Krypto-Bug in IOTA", unter: https://bitcoinblog.de/2017/09/08/autsch-mit-experten-finden-schwerwiegenden-krypto-bug-in-iota/ (abgerufen am 04.01.2020)

Blockchainwelt: „Distributed Ledger Technologie (DLT) ist mehr als Blockchain", unter: https://blockchainwelt.de/dlt-distributed-ledger-technologie-ist-mehr-als-blockchain/ (abgerufen am 30.12.2019)

Blockchainwelt: „Distributed Ledger Technologie (DLT) ist mehr als Blockchain", unter: https://blockchainwelt.de/dlt-distributed-ledger-technologie-ist-mehr-als-blockchain/ (abgerufen am 31.12.2019)

Bosch Connected Devices and Solutions: „So werden Sie zum IOTA Experten", unter: https://www.bosch-connectivity.com/de/newsroom/blog/xdk2mam/ (abgerufen am 30.12.2019)

BTC ECHO: „IOTA: Das unterscheidet das Projekt von Bitcoin & Co.", unter: https://www.btc-echo.de/iota-das-unterscheidet-das-projekt-von-bitcoin-co/ (abgerufen am 30.12.2019)

BTC ECHO: „Wie funktionieren Transaktionen im IOTA Tangle?", unter: https://www.btc-echo.de/wie-funktionieren-transaktionen-im-iota-tangle/ (abgerufen am 31.12.2019)

BTC-ECHO: „Alles IOTA? Das sind die 5 Anwendungen, die unser Leben verändern könnten", unter: https://www.btc-echo.de/alles-iota-das-sind-die-5-anwendungen-die-unser-leben-veraendern-koennten/ (abgerufen am 31.12.2019)

BTC-ECHO: „IOTA im Fokus: Der Coordinator", unter: https://www.btc-echo.de/iota-im-fokus-der-coordinator/ (abgerufen am 04.01.2020)

BTC-ECHO: „IOTA im Wert von 10 Millionen Euro gestohlen – Verdächtiger festgenommen", unter: https://www.btc-echo.de/iota-im-wert-von-10-millionen-euro-gestohlen-verdaechtiger-festgenommen/ (abgerufen am 03.02.2020)

CoinHero: „Viele IOTA-Guthaben letzte Nacht gestohlen: Darauf muss geachtet werden", unter: https://coin-hero.de/news/iota/viele-iota-guthaben-letzte-nacht-gestohlen-darauf-muss-geachtet-werden/ (abgerufen am 03.01.2020)

CoinPro.ch: „Was ist IOTA und der MIOTA? Kryptowährungen vorgestellt", unter: https://www.coinpro.ch/was-ist-iota-und-der-miota-kryptowaehrungen-vorgestellt/ (abgerufen am 31.12.2019)

Cryptolist: „Was ist IOTA?", unter: https://www.cryptolist.de/iota (abgerufen am 31.12.2019) Higer, Rene: „Wie funktioniert IOTAs Tangle?", unter:

Die Stiftung: „IOTA: Erste Krypto-Stiftung Deutschlands gegründet", unter: https://www.die-stiftung.de/nachrichten-service/kurzmeldungen/iota-erste-krypto-stiftung-deutschlands-gegruendet-74566/ (abgerufen am 30.12.2019)

Dömer, Sascha: „Im Wandel der Zeit: Von Industrie 1.0 bis 4.0", unter: https://www.lmis.de/im-wandel-der-zeit-von-industrie-1-0-bis-4-0/ (abgerufen am 08.12.2019)

Dragan: „Deutschland: Parkhaus-App verwendet IOTA für Zahlungsabwicklung", unter: https://kryptoszene.de/deutschland-parkhaus-app-verwendet-iota-fuer-zahlungsabwicklung/ (abgerufen am 31.12.2019)

Dragan: „Niederlande: Tech-Unternehmen will mit IOTA Stromnetz intelligenter machen", unter: https://kryptoszene.de/niederlande-tech-unternehmen-will-mit-iota-stromnetz-intelligenter-machen/ (abgerufen am 31.12.2019)

Duden: „Jota, Iota, das", unter: https://www.duden.de/rechtschreibung/Jota_kein_Bisschen_Buchstabe (abgerufen am 30.12.2019)

Higer, Rene: „Alles über IOTA: einfach und verständlich", unter: https://www.iota-wiki.com/de/#Was_ist_das_Internet_of_Things (abgerufen am 08.12.2019)

Higer, Rene: „Der Transaktionsprozess", unter: https://www.iota-wiki.com/de/#Der_Transaktionsprozess (abgerufen am 31.12.2019)

Higer, Rene: „Die Geschichte von IOTA", unter: https://www.iota-wiki.com/de/#Die_Geschichte_von_IOTA (abgerufen am 30.12.2019)

Higer, Rene: „Die IOTA Foundation", unter: https://www.iota-wiki.com/de/#Die_IOTA_Foundation (abgerufen am 30.12.2019)

Higer, Rene: „Die klassische Blockchain ist für das IoT ungeeignet", unter: https://www.iota-wiki.com/de/#Die_klassische_Blockchain_ist_fuer_das_IoT_ungeeignet (aufgerufen am 30.12.2019)

Higer, Rene: „Keine Gebühren", unter: https://www.iota-wiki.com/de/#Keine_Gebuehren (abgerufen am 31.12.2019)

Higer, Rene: „Unendlich skalierbar", unter: https://www.iota-wiki.com/de/#Unendlich_skalierbar (abgerufen am 31.12.2019)

Higer, Rene: „Unveränderbarkeit", unter: https://www.iota-wiki.com/de/#Unveraenderbarkeit (abgerufen am 31.12.2019)

Higer, Rene: „Wie funktioniert IOTAs Tangle?", unter: https://www.iota-wiki.com/de/#Wie_funktioniert_IOTAs_Tangle (abgerufen am 31.12.2019)

Higer, Rene: „Der Transaktionsprozess", unter: https://www.iota-wiki.com/de/#Der_Transaktionsprozess (abgerufen am 31.12.2019)

„IOTA (MIOTA)", unter: https://coinmarketcap.com/de/currencies/iota/ (abgerufen am 30.12.2019) Die Stiftung: „IOTA: Erste Krypto-Stiftung Deutschlands gegründet", unter:

IOTA Einsteiger Guide: „Kritik", unter: https://iota-einsteiger-guide.de/kritik.html (abgerufen am 04.01.2020)

IOTA Einsteiger Guide: „Nodes", unter: https://iota-einsteiger-guide.de/nodes.html (abgerufen am 31.12.2019)

IOTA NEWS: „What is IOTA?", unter: https://iota-news.com/about-iota/ (abgerufen am 31.12.2019) Dragan: „Deutschland: Parkhaus-App verwendet IOTA für Zahlungsabwicklung", unter:

IOTA NEWS: „What is IOTA?", unter: https://iota-news.com/about-iota/ (abgerufen am 31.12.2019) IOTA NEWS: „What is IOTA?", unter: https://iota-news.com/about-iota/ (abgerufen am 31.12.2019)

IOTA: „Smart Energy", unter: https://www.iota.org/verticals/smart-energy (abgerufen am 31.12.2019)

IOTA-Deutschland: „Was ist IOTA?", unter: https://iota-deutschland.de/was-ist-iota/ (abgerufen am 31.12.2019)

Kanzlei WINHELLER „Erste Krypto-Stiftung Deutschlands gegründet", unter: https://www.winheller.com/news/pressemitteilungen/detail/iota-stiftung.html (abgerufen am 30.12.2019)

Kasanmascheff, Markus: „IOTA-Lösung von Deposy soll Mülltrennung revolutionieren", unter: https://de.cointelegraph.com/news/iota-losung-von-deposy-soll-mulltrennung-revolutionieren (abgerufen am 31.12.2019)

Kerler, Wolfgang: „Mit der Blockchain wollen Volkswagen, BMW und Co. die Mobilität vernetzen", unter: https://www.gq-magazin.de/auto-technik/article/bei-der-blockchain-wollen-volkswagen-bmw-und-co-schneller-als-die-konkurrenz-sein (abgerufen am 31.12.2019)

Kilic, Klemens: „Internet der Dinge: Qubic von IOTA könnte zum dezentralen Supercomputer werden", unter: https://www.gq-magazin.de/auto-technik/article/internet-der-dinge-qubic-von-iota-koennte-zum-dezentralen-supercomputer-werden (abgerufen am 31.12.2019)

Kryptokumpel: „Dank IOTA: die Reise eines Kleidungsstückes transparent gestalten", unter: https://www.kryptokumpel.de/iota/dank-iota-die-reise-eines-kleidungstueckes-transparent-gestalten/ (abgerufen am 31.12.2019)

Kryptokumpel: „Taipei will Probleme der Abfallwirtschaft mithilfe von IOTA lösen", unter: https://www.kryptokumpel.de/iota/taipei-will-probleme-der-abfallwirtschaft-mithilfe-von-iota-loesen/ (abgerufen am 31.12.2019)

KRYPTO-WIKI: „IOTA: Wie sicher ist die dezentrale Kryptowährung IOTA wirklich?", unter: https://krypto-wiki.de/iota-wie-sicher-ist-die-dezentrale-kryptowaehrung-iota-wirklich/ (abgerufen am 04.01.2020)

„List of industrial and institutional interest in IOTA", unter: http://iotaarchive.com/listing.html (abgerufen am 30.12.2019)

Malanov, Alexey: „Probleme und Risiken von Kryptowährungen", unter: https://www.kaspersky.de/blog/cryptocurrencies-intended-risks/15181/ (abgerufen am 03.01.2020)

Metzger, Jochen: „Distributed Ledger Technologie (DLT)", unter: https://wirtschaftslexikon.gabler.de/definition/distributed-ledger-technologie-dlt-54410 (abgerufen am 31.12.2019)

„Naht eine Partnerschaft zwischen IOTA und BMW", unter: https://coin-ratgeber.de/naht-iota-bmw-partnerschaft/ (abgerufen am 31.12.2019)

Nikolaev, Ilia: „BREAKING: IOTA Netzwerk steht still – Koordinator legt Tangle lahm", unter: https://cryptomonday.de/breaking-iota-netzwerk-steht-still-koordinator-legt-tangle-lahm/ (abgerufen am 04.01.2020)

Nikolaev, Ilia: „IOTA Boost durch Hyperledger – IOTA Connector für Interoperabilität zwischen DLTs", unter: https://cryptomonday.de/iota-boost-durch-hyperledger-iota-connector-fuer-interoperabilitaet-zwischen-dlts/ (abgerufen am 31.12.2019)

Perlaki, Dominik: „Grundwissen: Die Blockchain – einfach erklärt", unter: https://www.derbrutkasten.com/krypto-basics-die-blockchain-einfach-erklaert/ (abgerufen am 30.12.2019)

„Wie IOTA die Mobilität verändern kann", unter: https://kryptoszene.de/wie-iota-die-mobilitaet-veraendern-kann/ (abgerufen am 31.12.2019)

Waschbusch, Lisa Marie: „Gemeinsam mit der Industrie bringen wir IOTA auf das nächste Level", unter: https://www.industry-of-things.de/gemeinsam-mit-der-industrie-bringen-wir-iota-auf-das-naechste-level-a-712492/ (abgerufen am 31.12.2019)

Welz, Wolfgang: „Assuring authenticity in the Tangle with signatures", unter: https://blog.iota.org/assuring-authenticity-in-the-tangle-with-signatures-791897d7b998 (abgerufen am 31.12.2019)

Abbildungsverzeichnis